Copyright © Unipuzzle Books

All rights reserved. This book or any portion thereof may not be reproduced or used in any manner whatsoever without the express written permission of the publisher except for the use of brief quotations in a book review.

Printed by Createspace
Available from Amazon.com and other online outlets.

First Printing, 2018

ISBN: 978-1717189233

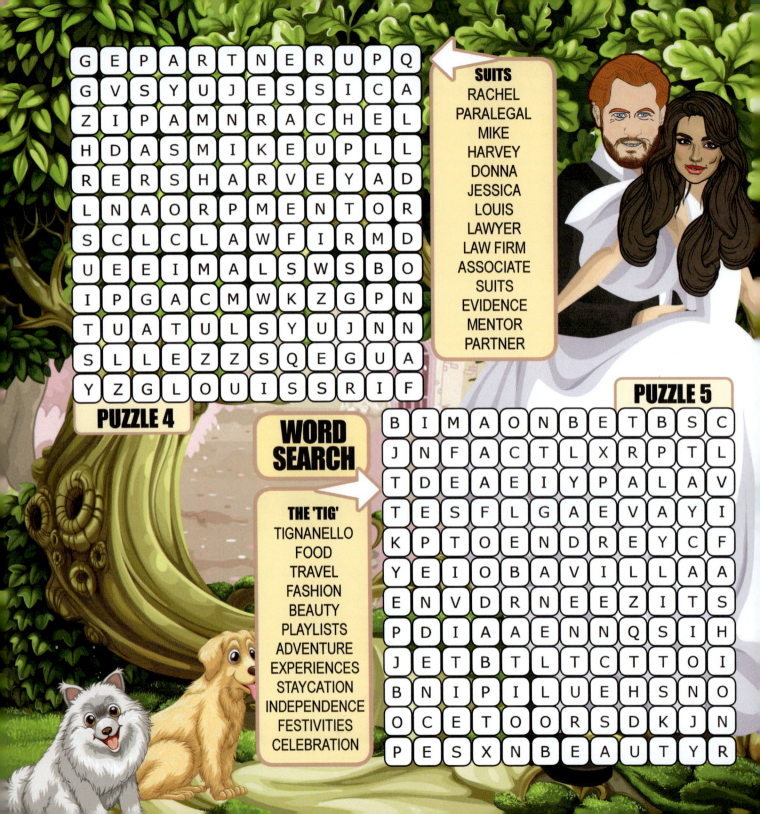

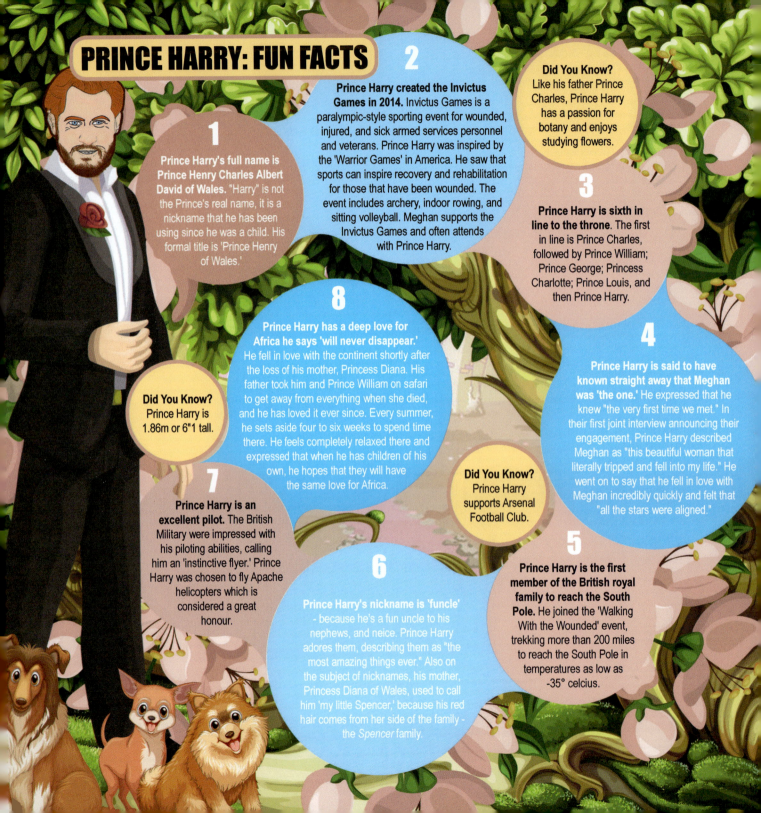

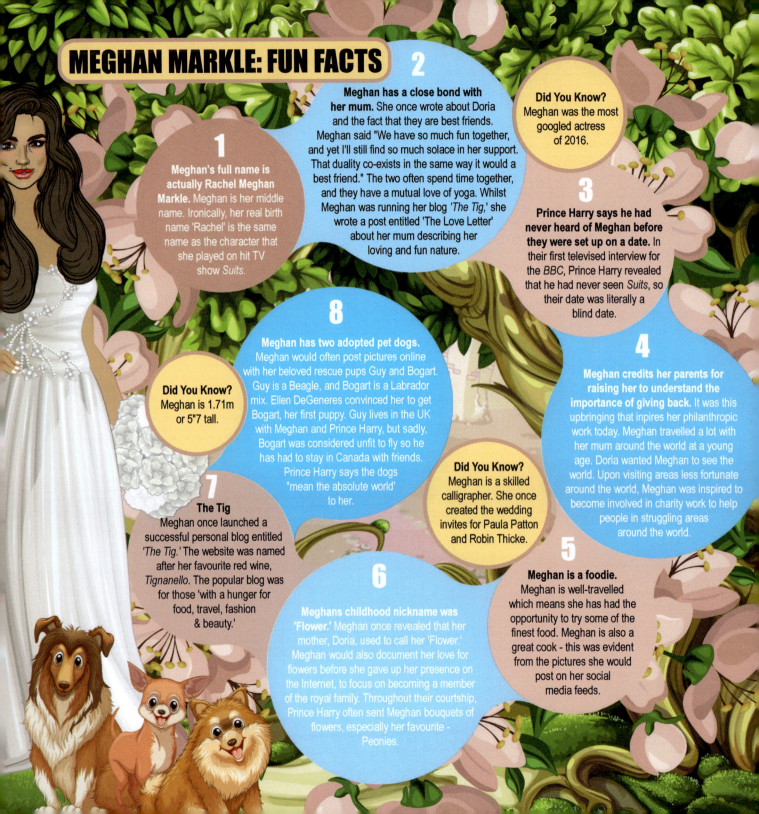

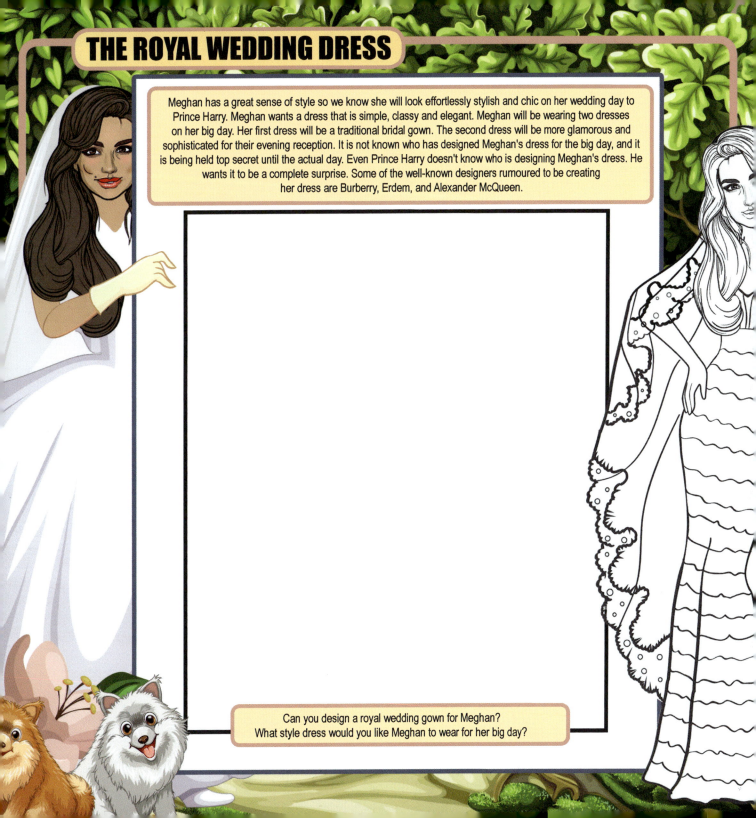

THE ROYAL WEDDING DRESS

Meghan has a great sense of style so we know she will look effortlessly stylish and chic on her wedding day to Prince Harry. Meghan wants a dress that is simple, classy and elegant. Meghan will be wearing two dresses on her big day. Her first dress will be a traditional bridal gown. The second dress will be more glamorous and sophisticated for their evening reception. It is not known who has designed Meghan's dress for the big day, and it is being held top secret until the actual day. Even Prince Harry doesn't know who is designing Meghan's dress. He wants it to be a complete surprise. Some of the well-known designers rumoured to be creating her dress are Burberry, Erdem, and Alexander McQueen.

Can you design a royal wedding gown for Meghan?
What style dress would you like Meghan to wear for her big day?

THE ROYAL WEDDING CEREMONY

THE WEDDING VENUE
St George's Chapel, Windsor Castle is the wedding venue, which has a capacity of 800 people. The Dean of Windsor, The Rt. Revd. David Conner and Justin Welby, Archbishop of Canterbury and leader of the Church of England will conduct the traditional ceremony. Meghan is now officially a fully fledged member of the church after she was baptised and confirmed in a secret ceremony in March 2018.

THE BEST MAN
The best man is none other than Prince William, Harry's older brother, of course! The Duke of Cambridge is honoured to be the best man, and is very much looking forward to supporting his younger brother, the royal family announced. Prince Harry was best man for William when he wed Kate in 2011.

THE GUESTS
The invitatons will be sent out to 600 guests that know the couple personally - 200 of which will be invited to the intimate evening reception hosted by Charles, Prince of Wales. They are also inviting 2,640 lucky members of the public on the day to watch from the grounds of Windsor Castle as they make their arrival, including 1,200 people who have demonstrated strong leadership in their communities. More than 250 members of the British Armed Forces will also be involved on the day.

THE MUSIC
Prince Harry and Meghan have personally chosen the music for the ceremony. The music for the service will include several popular hymns. The chapel's director of music, James Vivian, will conduct the Choir of St George's Chapel. The couple have personally chosen Karen Gibson and the Kingdom Choir. They have also chosen 19-year-old cellist Sheku Kanneh-Mason, who was the first black musician to win the BBC Young Musician of the Year Award in 2016. Meghan personally called Sheku to ask if he would play at the ceremony and he immediately said "yes." He tweeted "What a privilege to be able to play the cello at such a wonderful event. I can't wait!"

COLOUR ME IN

THE PHOTOGRAPHER
Alexi Lubomirski has been selected by Prince Harry and Meghan to be the photographer for their wedding day. Alexi is a famous portrait photographer with an impressive portfolio. Alexi has photographed many celebrities, and he previously photographed Harry and Meghan for their official engagement photographs.

THE CARRIAGE RIDE & AFTERNOON RECPTION
After the ceremony, at 1 p.m. there will be a carriage procession around Windsor Town. Members of the public will have the chance to get a sneak peek of the happy couple! They will then return back to Windsor Castle to enjoy a reception hosted by Queen Elizabeth II at St George's Hall in the Castle grounds.

THE EVENING RECEPTION
There will be a smaller evening reception for around 200 friends and family hosted by Prince Harry's father, Prince Charles.

THE CAKE
Prince Harry and Meghan have asked pastry chef Claire Ptak of Violet Cakes in London to make their wedding cake. The wedding cake will be a lemon elderflower creation "that will incorporate the bright flavours of spring." The cake will be covered in buttercream, and decorated with fresh flowers.

THE FLOWERS
Philippa Craddock has been selected to provide the flowers for the royal wedding. She will locally source flowers from the Crown Estate and Windsor Great Park gardens to decorate St George's Chapel and St George's Hall. The floral displays will use seasonal plants and flowers including beech, birch, white roses, peonies and foxgloves.

THE ROYAL WEDDING QUIZ

PUZZLE 14

We are all excited for the royal wedding, so now is the perfect time to test your knowledge on the royal couple. Do you know the answers to all of the questions below?

1. What is Prince Harry's real name?

a) Prince Henry Charles Albert David ☐
b) Prince Albert Henry William Charles ☐
c) Prince David Charles Alberty Henry ☐

2. In what year was Prince Harry born?

a) 1983 ☐
b) 1984 ☐
c) 1985 ☐

3. Where is Meghan Markle from?

a) America ☐
b) Canada ☐
c) Australia ☐

4. What is the venue for the royal wedding?

a) Westminster Abbey ☐
b) Windsor Castle ☐
c) Buckingham Palace ☐

5. What is the date of the royal wedding?

a) 14th May, 2018 ☐
b) 16 May, 2018 ☐
c) 19th May, 2018 ☐

6. What is Meghan Markle's real name?

a) Rachel Meghan Markle ☐
b) Lisa Meghan Markle ☐
c) Michelle Meghan Markle ☐

7. In what year was Meghan Markle born?

a) 1983 ☐
b) 1981 ☐
c) 1982 ☐

8. What time is the royal wedding?

a) Midday ☐
b) 1 p.m. ☐
c) 2 p.m. ☐

9. What hit TV show did Meghan star in?

a) Suits ☐
b) House of Cards ☐
c) CSI Miami ☐

10. What day of the week is the royal wedding?

a) Monday ☐
b) Friday ☐
c) Saturday ☐

PUZZLE SOLUTIONS

1

```
P A R A L Y M P I C W Q
P O W E R L I F T I N G
J S V O L L E Y B A L L
B U W H E E L C H A I R
A W B P V E T E R A N O
R Q W H X A Z J L Y M W
C I B C Y C L I N G E I
H I N J U R E D C T I N
E H J J S P O R T S N G
R E C O V E R Y H T Z Z
Y B A S K E T B A L L D
W O U N D E D Z E S Y T
```

2

```
O S K D U S H M R M L W
F D K J B E J L P V E I
Y I E N Q N Y F P B S L
H T N A M T A C E S O D
O O Y I I A S M W A T L
K U A R K B L A I T H I
M J A O Y A O A F B O F
K H E B Y L G K W A I E
C H J I Y E U S E I R A
B A A I U H X L N N J I
H O N E Y M O O N Y Y S
A O K B O T S W A N A A
```

3

```
G E P A R T N E R U P Q
G V S Y U J E S S I C A
Z I P A M N R A C H E L
H D A S M I K E U P L L
R E R S H A R V E Y A D
L N A O R P M E N T O R
S C L C L A W F I R M D
U E E I M A L S W S B O
I P G A C M W K Z G P N
T U A T U L S Y U J N N
S L L E Z Z S Q E G U A
Y Z G L O U I S S R I F
```

4

```
B I M A O N B E T B S C
J N F A C T L X R P T L
T D E A E I Y P A L A V
E S F L G A E V A Y I I
K P T O E N D R E Y C F
Y E I O B A V I L L A A
E N V D R N E E Z I T S
P D I A A E N N Q S I H
J E T B T L T C T T O I
B N I P I L U E H S N O
O C E T O O R S D K J N
P E S X N B E A U T Y R
```

5

```
L P U K A H J W P A N L
U U P P L U F I O R U W
C K R I F M R L L M X I
A R I L V A U L O E G T
P O N O P N G I H D W S
T Y C T P I B A V F I P
A A E H M T Y M S O N O
I L X A A A V N R R D R
N T C H A R I T Y C S T
M Y K I M I L B A E O S
S P E Z B A U E S S R I
O A D I A N A O S C M U
```

6

```
X P L O S A N G E L E S
K M A C T R E S S O W Z
I Q R M C H A R I T Y R
H U M A N I T A R I A N
A D X G C S I D O R I A
V V A Y T H T H O M A S
Q M U I C O E V N B J Y
Y H U H A S I L M S S C
C S C A L I F O R N I A
C O A M E R I C A O N D
C A L L I G R A P H Y E
H J K D N A U G U S T I
```

7

```
X Q D U C H E S S R J S
C O M M O N W E A L T H
E Q U A L I T Y Q K N G
J C H A R I T Y H U S C
P H I L A N T H R O P Y
O U G U H U S B A N D W
R N A M I B I A G F V H
B O T S W A N A X R L D
W G M A R R I A G E W U
W I W I N D S O R P P K
U R F L N I W V X C U E
H O N E Y M O O N B Q B
```

8

```
F E F X T B O T A N Y C
O D U B S T E P N K Z I
O Q W A S P O R T S B X
T H O R S E R I D I N G
B S O U T H A F R I C A
A M E G H A N P O L O I
L T A F R I C A B B Y H
L N D X G M N R U G B Y
K C H A R I T Y I G G X
K P J U Q G C F A R M Y
G B O T S W A N A O X S
H C P N Q N A M I B I A
```

9

Printed in Great Britain
by Amazon